आखिरी तस्वीर

राकेश शर्मा

क्रम-सूची

क्रम-सूची

भूमिका

"आखिरी तस्वीर" मे लेखक अपने जीवन के कुछ अनुभवों को साझा करते हुए ये बताना चाह रहे है कि प्रेम में विरह व्यथा ने भी एक महत्वपूर्ण भूमिका निभाई है कुछ गजलें और कविता के माध्यम से आइये हम इसे पढते है

शब्द वो जो हृदय को कुरेदते हुए एक घाव बन जाये और ताउम्र वैसे ही बना रहे एक बोझिल मन के साथ रिश्ते की वो दीवार जो देखने में बेहद खुबसूरत है लेकिन अंदर से उतनी ही जर्जर

ऐसे ही पीड़ा में लिप्त है " आखिरी तस्वीर" का हर पन्ना जो लेखक और लेखिका के एहसासों और जज्बातों से लिखा गया है

लेखक का जीवन परिचय

राकेश शर्मा का जन्म4 नवंबर 1991 में मध्य प्रदेश के सागर जिले में हुआ इनके पिता जी का नाम "श्री माखनलाल शर्मा" जो कि रिटायर फॉरेस्ट ऑफिसर हैं और माता का नाम "शशि शर्मा" जो कि हाउसवाइफ है इन्होंने स्नातकोत्तर की शिक्षा बी.जे.सी (मास कम्युनिकेशन) डॉक्टर हरिसिंह गौर विश्वविद्यालय सागर से प्राप्त की यह एक शिक्षक होने के साथ-साथ एक मोटिवेशनल स्पीकर सोशल वर्कर एस्ट्रोलॉजिस्ट और लेखक भी हैं।

इनकी पहली किताब स्याही के रंग जो कि एक संकलन थी उस और उस किताब ने इंटरनेशनल बुक ऑफ वर्ल्ड रिकॉर्ड में अपनी जगह बनाई, और इनकी दूसरी किताब "मेरिकल आफ थाट्स विचारों का चमत्कार" जो पाठकों को काफी पसंद आई और कुछ न कुछ सिखने को मिला लोगों को अब क्या लिखा जाए इनके बारे में एक तरह से ऑल राउंडर कह सकते हैं इन्होंने ना जाने कितने गरीबों और असहायों की मदद कि और उनको एक अच्छा रास्ता दिखाया सच तो यही है कि ऐसे लोगों की जरूरत है हमारे देश में जो अपने चरित्र को चरितार्थ कर अपने माँ बाप की परवरिश का डंका बजा जाये शतकोटि नमन् है उस मां को जिसने राकेश शर्मा को जन्म दिया!

लेखिका का जीवन परिचय

लक्ष्मी सिंह का जन्म उत्तर प्रदेश के जौनपुर जिले के पूराबघेला गाँव में 7 नवंबर 1999 मे हुआ इनके पिता जी का नाम "श्री राजेश्वर सिंह" जो कि पेशे से एक किसान है और माँ का नाम "ऋतु सिंह" जो कि बाल विकास परियोजना के तहत शिक्षिका के रूप में कार्यरत हैं गाँव के विद्यालय से प्रारंभिक शिक्षा प्राप्त करने के बाद एम. एस इंटर कॉलेज से 12वीं तक की शिक्षा प्राप्त की तत्पश्चात आर.एल पी.जी कालेज से स्नातक की शिक्षा प्राप्त की।

इनके दादा जी "स्व. मंगला प्रसाद सिंह (मंगलेश) " जी हिन्दी साहित्य के शिक्षक होने के साथ - साथ एक कवि और समाज सेवी भी थे।

लक्ष्मी को बचपन से ही लिखने का बहुत शौक था लेकिन इनके सपने कुछ और ही थे रेलवे में नौकरी करने का इनका सपना था बहुत कोशिशों के बाद भी ये सफल न हो सकीं फिर इन्होंने लिखना प्रारंभ किया और बहुत ही कम दिनों में अपनी एक अलग बना लीं इनकी पहली पुस्तक "स्याही के रंग" जिसे "लक्ष्मी सिंह" और "राकेश शर्मा" ने लिखा उस किताब ने

इंटरनेशनल बुक ऑफ वर्ल्ड रिकॉर्ड मे जगह बनायीं

और दुसरी किताब " मेरा सफरनामा " जो महज़ 5 दिनों में लिखी गई थी

इन्होंने 23 संकलन में सह लेखिका के रूप में कार्य किया और बहुत ही बेहतरीन प्रदर्शन रहा इनका क्योंकि लोगो को इनकी रचनाएँ काफी पसंद आयीं ये 87सम्मान प्रमाण पत्रों द्वारा सम्मानित की जा चुकीं है भारत ही नहीं बल्कि पाकिस्तान और

अफ्रीका के लेखकों के साथ भी कार्य किया और 2021 में सबसे ज्यादा उपलब्धियां कि जिसकी वजह से इनको अचीवमेंट आफ द ईयर का अवार्ड मिला!

• x •

तुम्हारी आवाज तुम्हारी मुस्कान तुम्हारा एहसास तुम्हारे ना होने पर तुम्हारे पद चिन्हों की छाप और फिजाओ में घुलती तुम्हारे बदन की खुश्बू मानों चंचल मन द्रवित हृदय से आगवानी कर रही हो कलम

राकेश शर्मा

ये अक्षरसः सत्य है कि लिखते - लिखते कागज स्याही से ज्यादा मेरे आंसुओं से भीग जाया करते हैं परंतु वह अश्रु मेरे दुख का कारण नहीं क्योंकि यह मेरा सौभाग्य है कि मैं तुम्हारे लिए लिख रही हूं मंत्रमुग्ध होकर तुम्हारे मर्मस्पर्शी प्रेम को

लक्ष्मी सिंह

जाने वाले को कभी रोक नहीं सकते हैं वास्तव में ये बहुत दुःखद घटना है लेकिन कभी - कभी मुझे लगता है कि तय समय पर ना लौटना उससे भी दुःखद होता है एक समय के बाद सब कुछ बदल जाता है जिस शहर में हम रहते हैं वो भी कल छुट जायेगा, यह भी हो सकता है जो लोग हमारे दिल के सबसे करीब है वो कल हमारे जीवन का कोई हिस्सा न रह जाये !

मरे हुए लोग लौट कर नहीं आते और जिन्दा होकर लोग नहीं लौटने की मिसाल कायम किये हुए हैं

वास्तव में लौटना इस संसार की सबसे सुखद क्रिया है जैसे चिड़ियों का शाम को घोसले मे वापस लौट आना , एक प्रेमिका जो अपने प्रेमी से बिछड़ गयी है और उसके वापस आने का इंतजार कर रही उसके पास उसके यादों के अलावा उसकी एक आखिरी तस्वीर जो उसके पास रह गई है और उसी तस्वीर और यादों के सहारे वो अपना जीवन गुजार रही

इंतज़ार करना सबसे कठिन काम है , वह चाहे किसी शख़्स का हो या किसी परिक्षा के परिणाम का हो, किसी इंसान के लौट आने का हो या किसी भी चीज़ का हो !

दिन से शाम हो रही और जिंदगी यूँ ही तमाम हो रही ऐसा कह सकते हैं कि उसने अपने उम्र का एक हिस्सा गुजाऱ दिया है उसके इंतज़ार में लेकिन वो आज तक वापस नहीं आया

वो ऐसे सवालों में उलझी रही जहां से वह निकल नहीं पा रही थी और ना ही उसे कोई निकालने आ रहा था। उसका जीवन उस तक ही सीमित चल रहा था उसकी आवाज उस तक ही सिमट कर अपना दम तोड़ रही थी जिससे वह अनभिज्ञ थी।

कुछ अधूरे ख्वाबों को लिए आंखों में वह कुछ सपने सजाए बैठी थी। हाथों में चाय की प्याली लिए उसके सामने जाकर अपने प्यार की कुछ मिठास बोल कर उसे पिलाना चाहती थी और छड़ मात्र उसकी आंखों में निहारना चाहती थी। लेकिन वक्त को यह मंजूर न था अधूरे ख्वाब अधूरे ही रह गए पूरे ही ना हुए कभी असल में उसकी जिंदगी के कुछ अलग ही मायने थे। जिसे वह चाह कर भी अपना नहीं पा रही थी। कुछ यादें कुछ बातें कुछ। मानों के उसके जीवन में द्वंद चल रहा था। जिसे वह चाह कर भी जीत नहीं पा रही थी जिंदगी का हर दांव वह हारती ही जा रही थी। रिश्तो की एक ऐसी दीवार जो देखने में बेहद ही खूबसूरत थी लेकिन वह अंदर से इतनी जर्जर थी कि कोई हाथ लगा दे तो वह टूट के बिखर जाती। जिंदगी के असली मायने वह समझ ही नहीं पा रही थी एक आखरी तस्वीर के सहारे अपनी पूरी जिंदगी गुजार रही थी। मानों की एक सपना हो जैसे उसकी जिंदगी ,वह अपनी जिंदगी की कहानियों को कुछ इस तरह कलम के माध्यम से बयां किए जा रही थी।

राकेश शर्मा

कुछ हादसे ऐसे भी हुए जिनका कोई ताल्लुक नहीं था जिंदगी से फिर भी खामोशियों को अल्फाज बना कर जीना पड़ रहा है दर्द के कुछ ऐसे किस्से जो कभी होठों तक आ ही नहीं पाए बयां करना तो दूर कागजों में भी तब्दील नहीं हो पाए हर एक लम्हा खोकर तुम्हारी यादों में खुद को तराशा करती हूं और आंसू तो निकले लेकिन आंखों तक नहीं पहुंच पाए हम दोनों का एक साथ रहने का सपना सपना ही रह गया कितनी अजीब थी ना यह दुनिया की रस्में जिसमें हमारी ख्वाहिशों ने दम तोड़ दिया

और देखो ना जिंदगी वैसे ही गुजर रही है मेरे बिना तुम रह रहे और तुम्हारे बिना मैं फिर वह कैसा वादा था कि "बिछड़े तो जीना पाएंगे" माना कि जिंदगी रूकी नहीं है ना मेरी ना तुम्हारी लेकिन वह अधूरापन जो आज भी मुझे जीने नहीं दे रहा है कितना बहलाऊ मैं खुद को और अगर बहला भी लूं तो इन आंखों को कैसे समझाऊं जो रूठी हुई कलम है उसको कैसे मनाऊं और ना जाने कब ये सांसे मुझे अलविदा कहेंगी ना जाने कब मैं इस दुनिया से रुखसत लूंगी

दिल पर एक ऐसा बोझ है जो शायद मरने के बाद ही हटेगा लेकिन जब तक जिंदा है तब तक एक कसक के साथ जीना रहेगा मैंने बहुत रोकने की कोशिश की तुम्हें लेकिन वह मनहूस दिन आज भी याद है मुझे मेरी सारी कोशिशें नाकाम रही है और आदत तो नहीं बदली मेरी आज भी तुम्हारा जिक्र करके मैं चुपके से तुम्हारी तस्वीर को देख कर रो लिया करती हूं और मुस्कुराती भी हूं तुम्हारी मुस्कुराहट को देख लेकिन तुम्हारी तस्वीर को देख ऐसा प्रतीत होता है कि तुम अभी मुस्कुरा दोगे तस्वीर में से

निकलकर

अल्फाजों की कमी कहां है मुझे लफ्जों का खेल खेलना तो बखूबी आता है तभी तो तुम्हें लिख पा रही हूं मैं ! मेरी खुशियों में शामिल नहीं होता कोई मैं खुश रहूं या दुखी रहूं दोनों मुझे अकेले ही झेलना है

मेरे हर दर्द में तुम शामिल हो जाया करते थे मेरे रोने पर तुम भी रो दिया करते थे और अब देखो ना चारों ओर दर्द ही दर्द और आंसू ही आंसू है ना तो चुप कराने के लिए तुम हो और ना मेरे दर्द में शामिल होने के लिए बच्चों की तरह तुम्हारा आंखें मटकाना सोचती हूँ तो मैं रोते-रोते हंस पड़ती हूँ थर-थर कांपने लगते है मेरे अधर जब मैं तुम्हारा नाम लेते-लेते चुप हो जाया करती हूँ और तुम्हें लिखने के लिए मुझे एकांतवास की जरूरत नहीं क्योंकि मैं हर छड़ तुम्हें लिखती और पढ़ती हूं? एक और बात बताऊं तुम्हें जब कोई मुझसे मेरी पहचान पूछता है तो मैं तुम्हारा नाम ले लिया करती हूं क्योंकि तुम्हारे प्रेम में ही मेरा जीवन समाहित है

तुम साथ नहीं हो तो क्या हुआ तुम्हारा प्रेम मेरे साथ है ना और वही प्रेम मेरे जीने की वजह है

मैने एक अर्सा गुजार दिया बाकी भी अर्सा गुजर जाएगा लेकिन एक टीस है दिल में हमेशा रहेगी

वो अनकहीं सी बातें वो अनछुए एहसास आज भी याद है मुझे किस तरह बातों ही बातों में तुम मुझसे रूठ जाया करते थे और मैं जद्दोजहद लगा दिया करती थी तुम्हें मनाने में क्या याद है तुम्हें? मैं तुम्हें मनाते- मनाते खुद रूठ जाया करती थी वो भी क्या दिन थे जब मैं सिर्फ तुम्हारे लिए मुस्कुराया करतीं थीं ऐसा नहीं है कि मैं अब मुस्कुराती नहीं हा लेकिन जीने के लिए! अकेलापन मेरी जिंदगी का एक अहम हिस्सा बन चुका है देखो

ना एक बार पलट कर तुम, तुम्हारे बिना मेरा क्या हाल हुआ है मैं आज भी अपने हर अल्फाज़ मे तुम्हें छुपा लिया करतीं हूँ कहीं कोई मेरे अलावा तुम्हें पढ़ ना ले !

तुम नहीं हो मेरे पास और जब तुम नहीं हो तो मुझे जरूरत भी नहीं है किसी चीज की लेकिन फिर भी मैंने इन सब को स्वीकार किया है तुम्हारा सपना समझ कर और मैं अपने वजूद से लड़ जाऊंगी लेकिन तुम्हारी हर एक बात को सच कर के दिखाऊंगीं बहुत दूर तक निकल आई थी मैं तुम्हारे साथ और वापस जाना बहुत कठिन था मेरे लिए और आज भी मैं वही खड़ी हूं तुम नहीं हो लेकिन तुम्हारी यादों के सहारे, अरे तुम्हारा दिया हुआ जो सूट था उसमें से आज भी तुम्हारी खुशबू आती है और कभी-कभी उसके दुपट्टे में मैं अपना मुंह छुपा कर फफक कर रो लिया करती हूं। मुझे मीठास बहुत पसंद थी चॉकलेट देने का जो वादा किया था तुमने वह वादा तुमने पूरा नहीं किया अब तो जीवन में कड़वाहट ही कड़वाहट है हालांकि अब मिठास से मेरा कोई संबंध नहीं रहा लेकिन तुम्हारी बातों की मिठास को इस कदर मैंने घोल कर पी लिया है कि ताउम्र गुजर जाए मेरी कड़वाहट में तो मुझे कोई गम नहीं।

अब तो रातों का अंधेरा भी मुझसे सवाल करने लगा है तुम्हारे बारे में शायद उसे भी तुम्हारी आदत सी हो गई थी तुम्हारी आंखों मे छिपी हुई वह कसक हमेशा याद रहेगी मुझे, हां मैं पहले जैसी नहीं रही अब मैंने बोलना बहुत कम कर दिया है तुम्हें बहुत शिकायत थी ना मेरे ज्यादा बोलने से लेकिन सच तो यह भी है कि मेरी खामोशी नश्तर की तरह चुभती थी तुमको

देखो ना मेरी इन सुनीं आंखों में इसमें हजारों सवाल जो आज भी उफान मारते हैं मैंने अब सुरमा लगाना छोड़ दिया, और मेरी पायल जो तुम्हारे दिल में एक साज छेड़ जाया करती थी

तुम्हारे जाने के बाद उस पायल की छम छम करना बंद कर दिया मैंने सजना सवरना छोड़ दिया क्योंकि मेरा हर सिंगार अधूरा था तुम्हारे प्रेम के बिना बड़ी चुभन से होती है दिल में एक अजीब सी कसक हो जैसे जिंदगी में कोई रंग ही नहीं बेरंग हो गई है जिंदगी जैसे, ख्वाहिशों का परित्याग कर दिया है लेकिन फिर भी उमंग के के साथ मुझे जीना पड़ रहा है मुझे तुम्हारे वापस लौटने का इंतजार है और मुझे यह भी पता है तुम कभी वापस नहीं आओगे। तुम्हारा आना बहुत मुश्किल है क्योंकि हालात आप पहले जैसे नहीं रहे फिर भी आखिर सांसे गिनने तक मुझे तुम्हारा इंतजार रहेगा

तुम्हारी प्रेयसी- लक्ष्मी

1. आखिरी तस्वीर

तुम रह गए ख्यालों में यादों की जंजीर बनकर
कभी न धुंधली होगी तुम्हारी चाहत
सहेजे रखूंगी आखिरी तस्वीर बनकर

कभी डायरी में कभी अपने लफ्ज़ों में ढूँढा करती हूँ
तुम्हे ना मिटने दूंगी वो चाहत की लकीर बनकर
सहेजे रखूंगी आखिरी तस्वीर बनकर

तुम नहीं मिलोगे ये एहसास है फिर भी मेरे दिल में काश
है,
शायद तुम हमेशा के लिए रह जाओ मेरे तकदीर बनकर
सहेजे रखूंगी आखिरी तस्वीर बनकर

रुत बदले मौसम भी बदलते रहते, वक्त और हम भी ढलते
रहे,
फिर भी तुम ना बदले वहीं ठहर से गए, मेरी चाहत की
तहजीब बनकर,
सहेजे रखूंगी आखिरी तस्वीर बनकर

आंखों का आंसू दिल को आराम देता नहीं, ये लम्हा तुमसे
सिमट कर मुझे खुशी देता नहीं,
फिर भी रह गए मेरी जिन्दगी में तुम कशिश बनकर, सहेजे
रखूंगी आखिरी तस्वीर बनकर

2. वादा वफ़ा का

वादा वफ़ा का
कुछ यूँ निभाते रहे हम
तुम तो चले गये

फिर भी अंधेरों में
चिराग जलाते रहे हम

कम्बख्त जिन्दगी को ये गवारा न हुआ
ठोकर खा कर भी मुस्कुराते रहे हम

सांसें भी बगावत पर उतर आई
लेकिन फिर भी तेरे ख्यालों में
खुद को पाने के लिए जद्दोजहद करते रहे हम

3. प्रेम

तुम्हारे बिना अपने जीवन की
कल्पना भी कर पाना मुश्किल है मेरे लिए

और ये झूठ है कि तुम बिन जीना पड़े
तो ऐसा कर पाना आसान होगा मेरे लिए

अब तो सांसों को भी वजह कि तुम मेरे हो
ऐसा चाहिए मुझे कहने के लिए

अगर बात वफ़ा की हुई तो वफ़ा भी
तुम्हारी चाहिए मुझे जीने के लिए

कोई हक़ नहीं है मेरा किसी पर
मुझे वो हक़ चाहिए तुमसे उम्र भर के लिए

सब नाराज है मुझसे तुम्हारी वजह से
तुम साथ दो तो ये नाराजगी चलेगी तुम्हारे लिए

मुझे फिक्र किस बात की
मेरी चाहत की सरहदें सिमटी तुम्हारे लिए

हमसफ़र न बन सको तो जिंदगी में क्या है
इस जिन्दगी से रूखसती लूं तुम्हारे लिए

4. मगरूर

बड़ा मगरूर था उसके आने पर
पता नहीं था बिखर जाऊंगा उसके जाने पर

कोई तो फैसला सुना जाता
खुदा का फैसला आने तक

मगरूर बहुत था दिल मन्सूब बहुत था दिल
मगर मुस्कुराहट बनाये रखेगा उसके नाकाम हो जाने तक

हम ढूँढ लेंगे राहें कितना भी गुनाह हो जाये
तू मंजिल है मेरी मोहब्बत मे फना हो जाने तक

तू दूर है सही दिल को ये मंजूर है नहीं
तुझको है हराना तेरे ना के हां होने तक

नाराज तू रहे वो वजह मिटा दूँ
वो वजह ना रहे तेरा इकरार होने तक

5. गुनाह

उम्र कमसिन हो तो सस्ते लिबास भी
किमती हो जातें है

निगाहों में हो अगर शरारत
तो दूर बैठकर भी गुनाह हो जाते हैं

इस उम्र में रूठना भी मुस्कान बन जाते हैं
एक दस्तक से दिल के कई मेहमान बदल जाते हैं

रूठना तो एक पल के लिए
मान जाने के कई इशारे मिल जाते हैं

हम तुम्हारे नहीं तुम हमारे नहीं
फिर भी एक दुसरे के चाहने वालों के नये मकाम मिल जाते
हैं

दिल में हल्की सी हलचल हुई
हम निगाहों में नये आसमान सजा जाते हैं

रूकने ठहरने को मुमकिन नहीं लगता एक पल
हर एक लगता नया छल, फिर भी उसके नये आयाम सजाये
जाते हैं

6. गुजारिश

मुझे गुजारिश करना अच्छा नहीं लगता
उससे पुछकर उसे छूना अच्छा नहीं लगता

हर बार वो कितना जरूरी है अच्छा नहीं लगता
किसी और को देख कर उसका मुस्कुराना अच्छा नहीं लगता

मोहब्बत है जाहिर है
मगर मुझे पागल बताना अच्छा नहीं लगता

फासले और नजदीकियां मायने नहीं रखती
फिर भी उसका बहाना कर के मुझसे दूर जाना अच्छा नहीं
लगता

गम बहुत है जिन्दगी में
फिर भी दर्द की वजह मुझे बताना अच्छा नहीं लगता

साथ - साथ हर पल मेरे चलना
जो कभी रूठ जाऊँ
वजह बिना मुझसे पूछे मनाना अच्छा नहीं लगता

7. नज़्म

तब से नज़्म पढ़ना छोड़ दिया
उस महफ़िल में तुमने आने से जो मना किया

शब- ए - रात गजलों को लिखना छोड़ दिया
जब से तुमने अपना महबूब है बदल लिया

उल्फत भरी निगाहों से तुमने जो देखना शुरू किया
तो अपनी निगाहों को समझा कर मैंने रूख़ मोड़ लिया

तुमने जो नाता तोड़ा तो "पाकीज़ा" ने
अपनी सासों से बगावत कर के दुनिया से रूखसत है ले
लिया

8. मुआहिदा

कदम कदम पर जिन्दगी मसला हो जैसे
गमों की अंजुमन और दर्द का मुशायरा हो जैसे

"आंख लड़ाना या नी आंखों में सरसों फूलना है "
मोहब्बत की जिंदगी कोई मुहावरा हो जैसे

मुझे न शिकवा न शिकायत कोई जिन्दगी से है
मगर जिंदगी को कोई गिला मुझसे हो जैसे

मिलना नहीं बिछड़ना नहीं कहें तो क्या कहें
कि शाख पर फूल नहीं और पेड़ खिला हो जैसे

जब भी उसने मेरे करीब आने की कोशिश कि
मुझे लगा अक्सर बिछड़ने का मरहला हो जैसे

खुल कर सांस न ले पाता तेरे बग़ैर जांन-ए- जां
तमाम उम्र का तुझसे किया मुआहिदा हो जैसे

9. इंतकाल

दिल - ए - बेजार के लिए एक मुद्दत गुजार दी
आंसू पिलाने के अलावा कोई महबूब न मिला

वक्त - ए - रूखसत दिदार तुम्हारा मिल जाए
बस एक बार उसे देखने का ये सिला मिला

जख्म भर गये कुछ वाकिये अभी बाकी थे
मर्ज का तो पता था पर कोई हकिम न मिला

हालातों से बेबस तो रही "पाकीज़ा" लेकिन
किसी को इस बात का उसने इल्म़ न होने दिया

तेरी रुसवाईयों का जो इंतकाल हुआ है दिल में
चैन से जीना तो दूर चैन से मरने भी न दिया

10. यादें

वो दिल में हजारों की यादें दफन किये बैठे है
फिर भी हम उसे अपना नसीब समझ बैठे है

रूसवा न हो इश्क़ मेरा
इसलिए उसके हर झूठ को सच समझ बैठे है

धोखे की चिलम से सुलगती दो हस्तियां
सुकून- ए - राहत के फैंसले खुदा करते हैं

निभा न पाने का डर भला कैसा था तेरा
मुंह तो ज़माने के अब भी खुला करते हैं

"राकेश " से मुआफी की गुज़ारिश नहीं
अंदरूनी ज़ख्म अब भी हमें दुखा करते हैं

तमन्नाओ की चांदनी जमीं पे आज भी ओझल है,
सलवटों के बिछौने आज भी वही पर है

11. तेरे बिन

देख बिन तेरे किस हाल से गुजर रहा हूँ मैं
जैसे एक उम्र तक जिन्दगी से बेखबर रहा हूँ मैं

हर रोज तेरा जिक्र हर लफ्ज़ हर पन्ने पर है
फिर भी पूरी न हो पाये वो खता बन रहा हूँ मैं

नजरें थकती नहीं रास्ते अब भी रूकते नहीं
कैसे कहूँ मंजिल के लिए बेताब किस कदर रहा हूँ मैं

तु साथ था तो था मैं हर महफ़िल की शान
बाद तेरे महफ़िल में बे - असर रहा हूँ मैं

होगें और ही शायर हो टूटा दिल नेमत जिनका
तेरे दामन से छूटकर दर - ब- दर रहा हूँ मैं

बुझा चिराग ढली शाम तन्हाई खामोशी को सिमटा के
तेरे घर के तलाश में सारी रात बे- घर रहा हूँ मैं

आरज़ू है अब बस मेरी कोई नाम लेकर पुकारे मेरा
खो ना जाऊँ कहीं बस इसी बात से डर रहा हूँ मैं

12. महसूस

बहुत करीब से महसूस किया है तुम्हारी मोहब्बत को
आंसूओ के सिवा कुछ ना मिला

आंखें यूँ ही तड़पती रही रात भर
पर तेरा साया भी ना मिला

दिल के जो दरवाजे थे हमेशा के लिए बन्द हो चुकें
तेरे जाने के बाद यहाँ किसी को दस्तक ना देने दिया

हाँ मैने आज भी तुम्हे ही याद किया
तुम्हारे दिए हुए दुपट्टे को अपने सिर पर डाल लिया

और जो ताबीज बहुत मिन्नतों के बाद मिली थी मुझे
उस ताबित को कभी भी खुद से अलग ना किया

मैंने हर पल तुम्हारा इंतजार किया

13. वजह

आज मुस्कुराते हुए हाथों ने कलम उठाया
आंखें सुर्ख और होंठ मुस्कुराया
क्योंकि वो वजह बन मेरे जहन में तू आया

तुझे पाने में शिद्दत लगा दी हर
मंदिर,दरगाह की चौखट अपने पैरों से मिला दी
क्योंकि वो वजह बन मेरे जहन मे तू आया

जिंदगी में न कोई जिद्द थी न कोई आरजू न ख्वाहिश
पर जिस जिद्द पर दिल टूट न सका
क्योंकि वो वजह बन मेरे जहन में तू आया

तुझ से मिल सकूँ कोई बाहर भी कम है
इकरार भी कम है इजहार भी कम है
क्योंकि वो वजह बन मेरे जहन में तू आया

नफरत करूँ खुद से या खुद से गिला करूं या फिर
तेरी यादों से सिमटी चादर की सिलवटें गीना करूं
क्योंकि वो वजह बन मेरे जहन में तू आया

नूर हूं हूर हूं हर किसी के लिए जिद्दी जरूर हूँ
फिर भी तुमसे जिद और जरूरत ना हो पाई
क्योंकि वो वजह बन मेरे जहन में तू आया

हर किसी से खुद के जख्म को बयां करना जरूरी नहीं
समझा,
एक तुझे अपना हमदर्द मानकर

किसी को अपना हमसाया ना समझा
क्योंकि वो वजह बन मेरे जहन में तू आया

आंखों में आंसू है फिर भी बहते नहीं
होंठ खुले हैं फिर भी कुछ कहते नहीं

तू दर्द है या दिल की कोई ख्वाहिश है
आज तक ये बात दिल को भी समझ न आया

क्योंकि वह वजह बन मेरे जहन में तू आया

14. रूह

कभी किसी से पूछो रूह को देखा है
कभी किसी से कह कर देखो जख्म को देखा है

जवाब कभी भी ना पाओगे
हंस के खुद के दर्द आंखों में बंद करके मुस्कुराओगे

किसी को किसी की जरूरत नहीं
अकेला है फिर भी कोई खुश क्यों नहीं?

खुश रहने की जब कोई कोशिश करता है
खुद को नाकाम जान के तिल- तिल कर मरता है

नाराज क्यों है जिंदगी तेरी सांसे तो रूह ही है
फिर भी क्यों एक रूह दूसरे रूह की जरूरत नहीं है?

नाराज सब है हर किसी से फिर भी शब्द कोई नहीं हैं
खुशी की हर जुबान कड़वी हो गई है
रूह ढूंढती खुशियां शायद कहीं हैं

15. समझाऊँ किस तरह

समझाऊँ किस तरह तुम जरूर जरूरी हो जीने के लिए,
ये बात तुमको बताऊं किस तरह

तुम हो आंखों में तुम हो सांसो में तुम्हारे ना होने पर भी
तुम्हारे होने को हर किसी से जताऊं किस तरह

मेरा मुस्कुराना तुम्हारी राहत और तुम्हारा ये कहना मेरी
चाहत,
हर रोज यह जिक्र कान सुनना चाहे यह बात तुमको बताऊं
किस तरह

रो दूं तो तुम याद आते हो हंस दूं तो तुम आंखों में मुस्कुराते
हो,
इस जहन के उल्फत को बताऊं किस तरह

तुम दूर हो बहुत मजबूर हो और हमसे मिलना किसी को
नामंजूर हो,
फिर भी ख्यालों में तुम यूं ही खुद की तस्वीर मिटाने ना
दोगे यह बात तुमको समझाऊं किस तरह

16. साथ

मालूम है साथ क्या होता है
उसके होने का एहसास क्या होता है

जो एक घर को चारदीवारी से खूबसूरत मंदिर में
तब्दील कर दे वही तो साथ होता है

आंखों में आंसू आने से पहले जिक्र बातों से करके
होठों पर मुस्कान ला दे वही तो साथ है

दुरियाँ तो हम खुद तय करते हैं फासले हम खुद तय करते
हैं
जो फासलों को महसूस न कर पाए उसे ही तो साथ कहते
हैं

गम में भी चेहरे की शिकन मिटा दे वक्त की तरह दर्द पर
मरहम लगा दे,
उसे ही तो साथ कहते हैं

कोई महफिल मोहब्बत से तभी महफूज होती है जब दुआओं
की लड़ी बहुत खूब होती है
यह जो दुआएं महफिल में बरसती हैं वही तो साथ का
आगाज होती हैं।

17. चूड़ियाँ

खूबसूरत रंगों से भरी हाथों में खनकती हैं
ये सुंदर और भी होती हैं जो तेरे नाम से सजती हैं

बहुत ख्वाहिश अरमान लिए छुप-छुप के पहनती हूं
यह मुझे बहुत सताती हैं जो तेरे नाम से सजती हैं

तुम हो पास में हाथों में चमकती हैं तुम मुस्कुराते हो जब
तो ये हंसती हैं,
और भी सुंदर होती हैं जो तेरे नाम से सजती हैं

जब पहनूं इन हाथों में तुम कुछ तो कहते हो मेरे कानों में
यह सुंदर और भी लगती हैं
जो तेरे नाम से सजती हैं

दोनों हाथों से खुद का चेहरा छुपाती हूं तुम क्या सोचोगे
इसे देखकर मैं खुश हो जाती हूं
जो तेरे नाम सजती हैं

18. आहट

किसी की खामोशी को
अपनी जिंदगी की आहट बना कर तो देखो

अंधेरों से भी एक बार तुम
दोस्ती करके तो देखो

जिसका बदलना नामुमकिन हो
उसके लिए एक बार खुद को बदल कर तो देखो

मुझाये हुए फूलों में भी

19. जख्में दिल बयां कलम से

लिखते हुए ऐ दिल कागज़ को सम्भालूँ या इन हाथ की ऊगलियों को

जो दर्द लिखने बैठी तो कलम भी रो पड़ीं

जो होठों की मुस्कुराहट को धड़कन तक समझ ना पाये

वो हंसी देख कर कलम कागज़ पर रो पड़ी

कुछ सम्भल कर अपने दिल के हाल पे स्याही ने साथ दी

लफ्ज़ों ने मिलकर दिल के दर्द को कागज़ पर पनाह दी

हंसती हुई आंखों में टूटे सपनों शीशे चमक उठे

फिर कुछ देर रूक कर कलम ने सारे एहसासों को शब्दों से सजा दिया

सारे दर्द चुन - चुन कर होठों को मुस्कुराने का लतीफ़ा बना दिया

दर्द को दर्द की तरह समझने के लिए दर्द होना जरूरी नही

उसकी राह से गुजर के घूट- घूट के रोना जरूरी नही

जो जख्म दिल के हमने होठों से बयां किये

आप भी मुस्कुरा दिये मेरे जख्मों से ना वाकिफ होते हुए

तू बेवफा था या जिन्दगी ये तो पता नहीं

पर दर्द दिल का करता कोई वफ़ा नहीं

20. अलविदा

तेरी भुली बिसरी यादों को, हम अलविदा कर चले
तेरे जख्मों से डायरी के पन्ने से, अब हम रूखसत हो चले
दुनिया भी मायने नहीं रखती, आज उन दरखतो से रूखसत
होकर अलविदा कर चले
पैर डगमगाये तो कुछ गम नहीं, होठों के थरथराने को तेरी
मौजूदगी ना करते चले
बारिशों की बून्दों से जो सिमटी हुई थी, अल्हड़ सी
मुस्कुराहट को तेरी गुमशुदगी मे खोते चले
कि अलविदा कह मुझे जब तुम जाने लगे, अपने साथ मेरे
जीने की वजह ले गयें

21. लम्हों के एहसास

वो गुजरे हुए पल अब सताने लगे है, राहों में मेरी तुम्हारी याद बन कर आने लगे हैं

ना जाने कौन सी खता थी हमारी, की इस कदर वो फिर से हमें खुद मे उलझाने लगे हैं

शिकवा नहीं ना शिकायत किसी से , हर रोज फिर से हम खुद को उनकी याद में जलाने लगे हैं

कि रो कर अब खुद को हम बहलाने लगे है, फिर से अपने ही ख्वाबों को हम दफनाने लगें हैं

सांसो की माला मे पिरो कर उनका नाम, फिर से हम महफ़िलों में गजल गाने लगे हैं

लिखने लगी है फिर से कलम हमारी, बस यही तसल्ली देकर हम खुद को समझने लगे हैं

टुकड़ों में बिखरी पड़ी थी जो मेरी खुशियाँ,उसके आने से फिर हम मुस्कुराने लगे हैं

खुद को उजागर कर दुनिया की नजरों, फिर भी अपने जज्बातों को उनसे छिपाने लगे हैं

कि तुम्हारे आखिरी शब्दों को याद कर हम खुद को भुलाने लगे हैं